pixi WISSEN

Papierflieger

W0396064

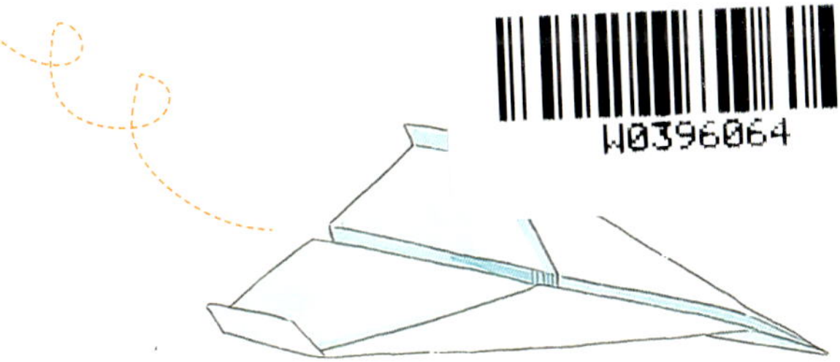

Einfach gut erklärt von Lucia Fischer,
mit Bildern von Sebastian Coenen

CARLSEN

Das kannst du knicken

Du kannst ein ganz normales Blatt Papier in ein tolles Fluggerät verwandeln: **Papierflieger** segeln mit breiten Flügeln durch die Luft oder sausen pfeilschnell zum Ziel, manche fliegen sogar Kurven oder Loopings.

Auf die Plätze, fertig, los …

Für einen **Papierflieger-Wettbewerb** braucht ihr eine große freie Fläche, zum Beispiel eine Wiese. Wollt ihr ganz genau messen, wie weit eure Flieger gekommen sind oder wie lang sie sich in der Luft gehalten haben, eignet sich am besten ein großer Raum ohne Wind, zum Beispiel ein langer Flur oder die Schulturnhalle.

Den fertig gefalteten Flieger kannst du mit Blei- und Buntstiften bemalen. Aufkleber halten auch.

Sonnenschwärmer

Dieser Papierflieger fliegt gut und ist ganz einfach und schnell zu falten.

1.

Falte ein DIN-A4-Blatt der Länge nach in zwei gleiche Hälften und öffne die Hälften wieder. Dieser Knick wird Mittelfalz genannt.

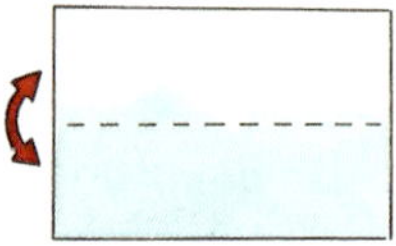

2.

Falte das Blatt in der Höhe der gestrichelten Linie.

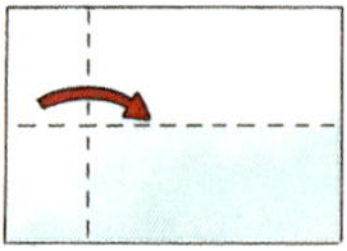

3.

Nun falte die Ecken so über eine gedachte schräge Linie (gestrichelt eingezeichnet), dass sich die Eckenspitzen an einem Punkt am Mittelfalz treffen.

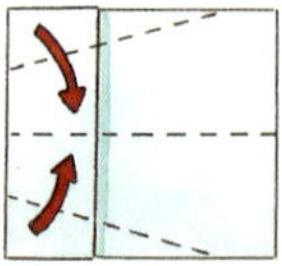

4.

Dann falte die Nase des Fliegers: Knicke das gefaltete Blatt dort, wo sich die Ecken treffen, nach innen um.

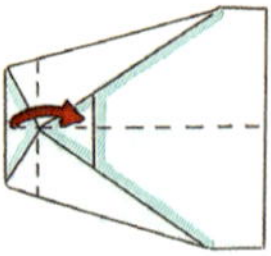

5.

Falte den Flieger auf seiner ganzen Länge über den Mittelfalz. Jetzt fehlen dir noch die Flügel. Knicke das Papier an beiden Seiten so weit nach unten, dass ein etwa 3 cm breiter Rumpf entsteht (drei Finger breit).

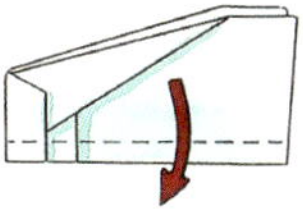

6.

Jetzt ist dein Sonnenschwärmer startklar.

Gut geworfen

Halte den Flieger zwischen Daumen und Zeigefinger am Rumpf fest und hole mit dem Arm Schwung. Wirf den Flieger behutsam geradeaus (nicht nach oben oder unten).

Schlanker Pfeil

Dieses Modell ist schmal und schnell wie ein Pfeil.

1.

Falte den Bogen der Länge nach in der Mitte und öffne ihn wieder für den Mittelfalz.

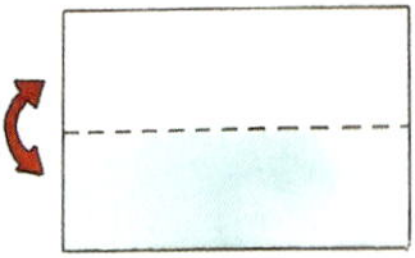

2.

Klappe die untere linke Ecke nach innen, so dass eine Kante des Papiers am Mittelfalz anliegt. Die rechte Ecke ebenso falten.

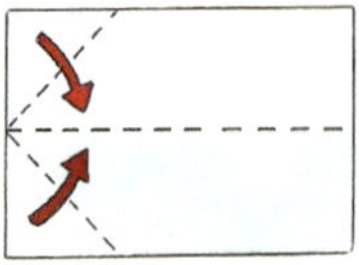

3.

Nun knicke die bereits gefalteten Kanten auf die gleiche Weise wieder bis zur Mittellinie.

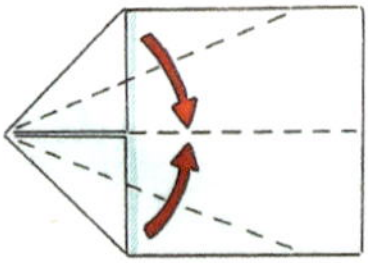

4.

Dann klappst du den Flieger entlang des Mittelfalzes zusammen.

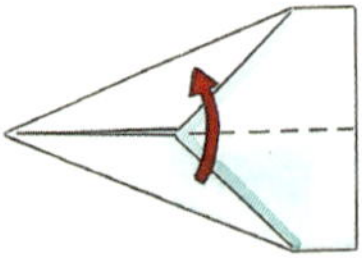

5.

Um Flügel zu bekommen, faltest du das Papier auf beiden Seiten bis zur Mittellinie.

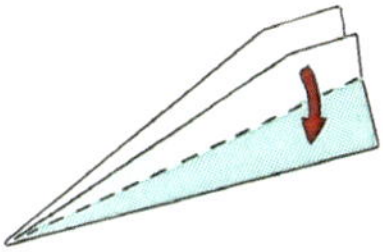

Tipp: Das geht einfacher, wenn du den Flieger drehst, so dass du von dir weg faltest.

6.

Jetzt ist der Schlanke Pfeil bereit zum Flug!

Gut geworfen

Halte den Flieger zwischen Daumen und Zeigefinger am Rumpf fest und wirf ihn leicht nach oben. Hol dabei mit dem ganzen Arm Schwung. Achte darauf, dass du niemanden verletzt. Dieses Modell ist vorne recht spitz.

Jet-Flitzer

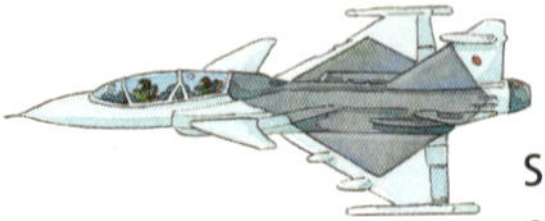

So sieht ein echter Jet aus.

Dieser Flieger fliegt schnell und er ist stabil – besonders wenn er leicht nach oben gebogene Flügelränder hat.

1.

Falte ein DIN-A4-Blatt der Länge nach in zwei Hälften, so dass ein Mittelfalz entsteht. Öffne das Blatt wieder.

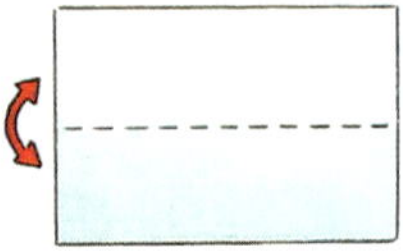

2.

Falte die oberen seitlichen Spitzen zum Mittelfalz. Jeweils eine Kante des geknickten Papiers liegt jetzt am Mittelfalz an.

3.

Falte die obere Spitze nach unten und lasse dabei zu den umgefalteten Spitzen einen etwa fingerbreiten Abstand.

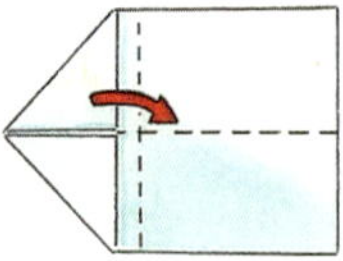

4.

Jetzt gibt es wieder eine obere Papierkante mit einer Spitze an jeder Ecke. Falte diese neuen oberen Spitzen wieder zum Mittelfalz.

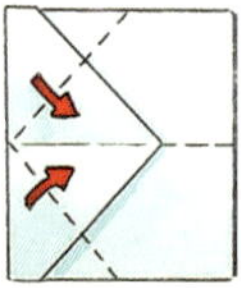

Welches Papier ist geeignet?

Zum Papierfliegerfalten nimmst du am besten einfaches **Drucker- und Kopierpapier**. Auch aus **Buntpapier** oder **Transparentpapier** lassen sich Flieger bauen. Manche Fliegerfans verwenden sogar Backpapier. Zeitungspapier ist nicht geeignet, denn es ist nicht fest genug.

5.

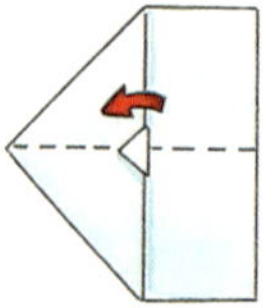

Jetzt knicke das kleine Dreieck über die beiden Dreiecke nach oben und falte den Flieger an der Mittellinie zusammen.

6.

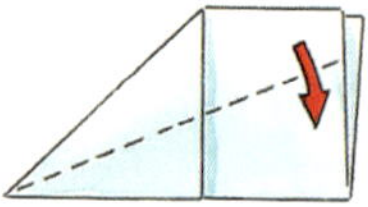

Falte die Flügel. Knicke dafür das Papier von der Spitze bis zur hinteren Kante. Die Falte soll etwa 4 cm (vier Finger breit) unterhalb der rechten oberen Ecke enden. Drehe den Flieger um und falte den zweiten Flügel exakt wie den ersten.

7.

So sieht der fertige Jet-Flitzer aus. Du kannst ausprobieren, ob er noch besser fliegt, wenn du die Flügelränder nach oben faltest.

Gut geworfen

Halte den Flieger zwischen Daumen und Zeigefinger am Rumpf fest und hole mit dem Arm Schwung. Wirf ihn sachte geradeaus (nicht nach oben oder unten).

Falt-Tipps

- Falte auf einer **trockenen festen Unterlage**.
- **Lass dir Zeit** und **arbeite genau.**
- **Übung** macht den Meister: Falte ein Modell deiner Wahl dreimal hintereinander. Bestimmt fliegt dein dritter Versuch besser als der erste.

Entenflügler

Dieser Flieger heißt **Canard**, genau wie ein Flugzeugtyp. Das Wort ist französisch und bedeutet übersetzt „Ente“. Durch die weit hinten liegenden Flügel erinnern Flugzeug und Flieger an den gefiederten Namensgeber.

1.

Falte ein DIN-A4-Blatt der Länge nach in der Mitte und klappe es wieder auf, so dass ein Mittelfalz entsteht.

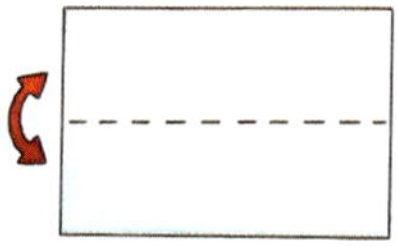

2.

Knicke beide oberen Ecken zum Mittelfalz.

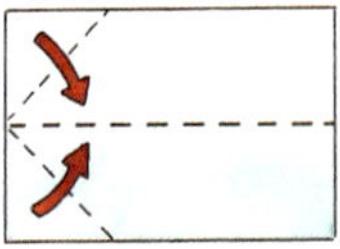

3.

Drehe das Papier um und knicke die gefalteten Kanten zur Mitte.

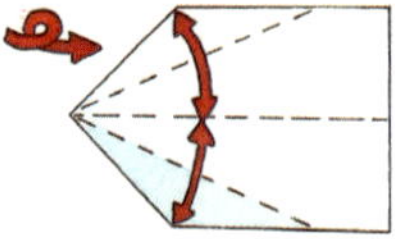

4.

Klapp die Ecken von der Rückseite nach außen, so dass ein Quadrat entsteht.

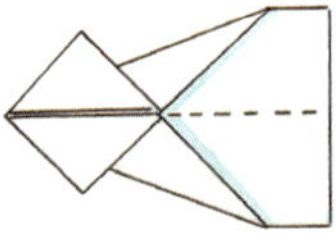

5.

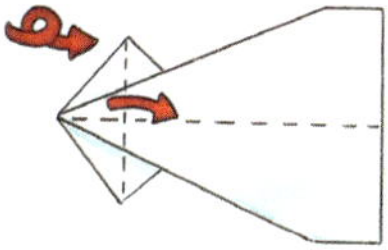

Drehe das Papier um. Falte die Nase nach innen. Die obere Spitze des Quadrats berührt jetzt die untere.

6.

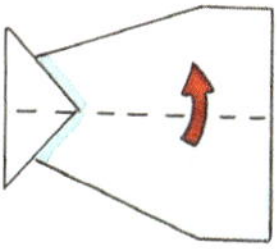

Den Flieger entlang der Mittellinie zusammenklappen.

7.

Jetzt kommen die Flügel an die Reihe: Falte die obere Längskante jeder Seite zum Mittelfalz.

8.

So sieht der fertige Entenflügler aus.

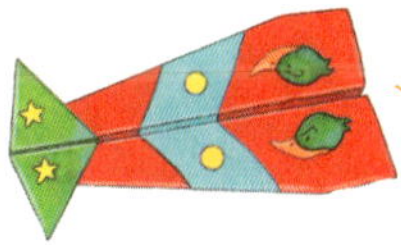

Gut geworfen

Halte den Flieger zwischen Daumen und Zeigefinger am Rumpf fest und hole mit dem Arm Schwung. Wirf ihn sanft und leicht aufwärts.

Kurvenstar

Dieses Modell kann Kurven fliegen.

1.

Stelle einen Mittelfalz her, indem du das Blatt der Länge nach in der Mitte faltest und wieder öffnest.

2.

Falte die beiden oberen Ecken so zum Mittelfalz, dass jeweils eine Kante am Mittelfalz entlangläuft.

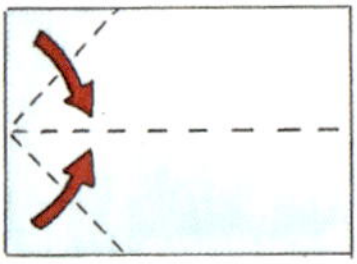

3.

Falte die beiden neu entstandenen Außenkanten des Dreiecks noch mal zum Mittelfalz.

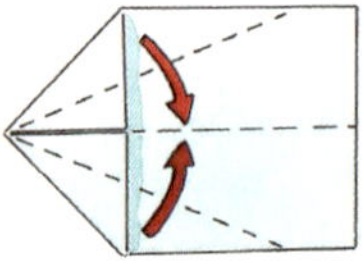

4.

Den Flieger über den Mittelfalz zusammenklappen. Die bisherigen Faltungen zeigen nach innen.

5.

Nun kommen die Flügel an die Reihe: Falte beide Seiten so weit nach unten, dass ein etwa 1,5 cm hoher Rumpf entsteht (etwa eineinhalb Finger breit).

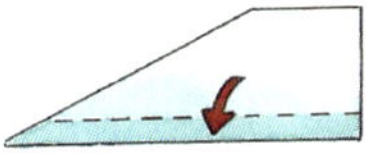

6.

An den Flügelrändern hinten einen 1 cm breiten Streifen nach unten falten. Fertig!

Gut geworfen

Halte den Flieger zwischen Daumen und Zeigefinger am Rumpf fest und hole mit dem Arm leicht Schwung. Biegst du die Nase beim Abwerfen nach rechts, fliegt dein Flieger eine Rechtskurve. Biegst du sie nach links, fliegt er eine Linkskurve. Wenn du am Rumpfende ein kleines Dreieck nach links oder rechts knickst, fliegt er stärker nach links bzw. nach rechts.

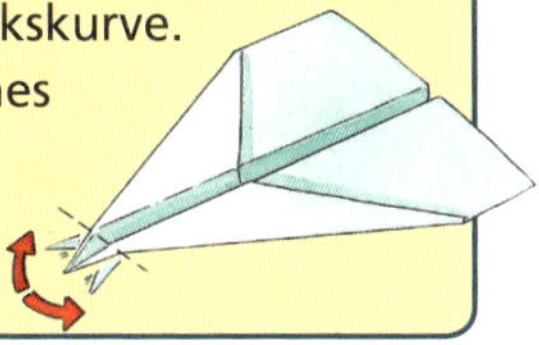

Loo-Ping

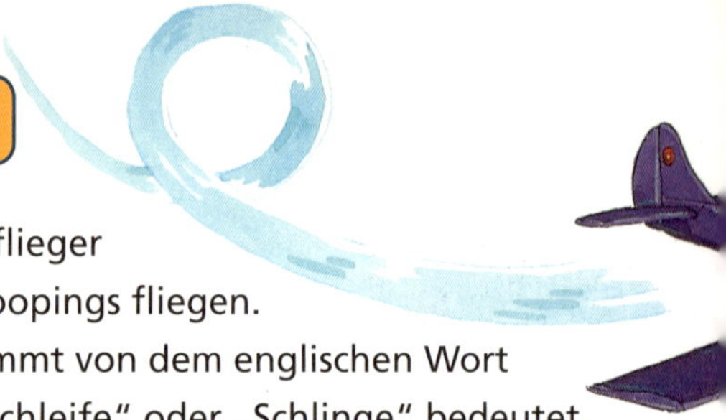

Dieser Papierflieger
kann sogar Loopings fliegen.
„Looping“ kommt von dem englischen Wort „loop“, das „Schleife“ oder „Schlinge“ bedeutet. In der Fliegersprache ist ein Looping eine **aufwärts geflogene Kreisfigur**, bei der sich der Flieger oben in Rückenlage dreht.

1.

Lege ein DIN-A4-Blatt quer vor dich und falte es der Länge und der Breite nach. Wo sich beide Mittelfalze kreuzen, liegt der Mittelpunkt des Bogens. Dorthin die beiden oberen Ecken falten.

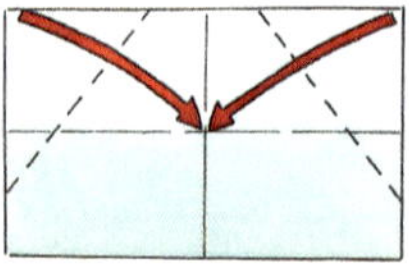

2.

Nun die beiden neuen Dreiecke so zur Mittellinie falten, dass sich die Punkte A und B berühren und oben eine Spitze entsteht.

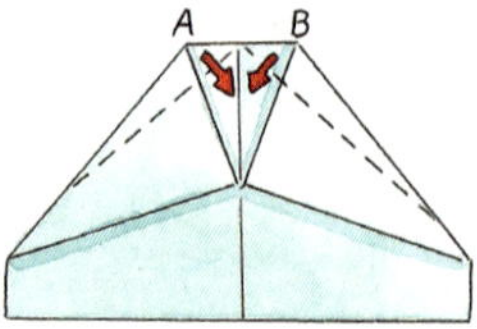

3.

Die Spitze entlang der gestrichelten Linie zum Mittelpunkt falten. Wieder öffnen und nun die Spitze an die eben gefaltete Linie falten.

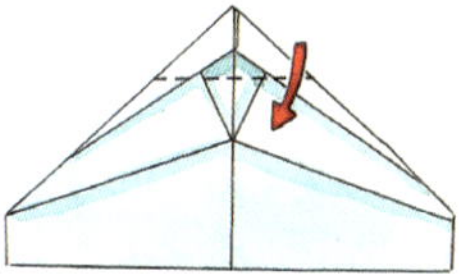

4.

Roll nun die obere Kante über die Faltung, auf die die Spitze weist. Durch die vielen Faltungen wird die Nase schwerer.

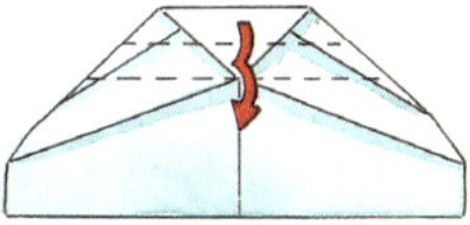

Falt-Tipps

Der perfekte Flieger ist auf beiden Seiten entlang der Mittelachse genau gleich gefaltet. Das nennt man **symmetrisch**. Für einen symmetrischen Flieger ist der Mittelfalz entscheidend. Dieser Knick gelingt am besten, wenn du erst die Ecken des Papiers genau aufeinanderlegst.

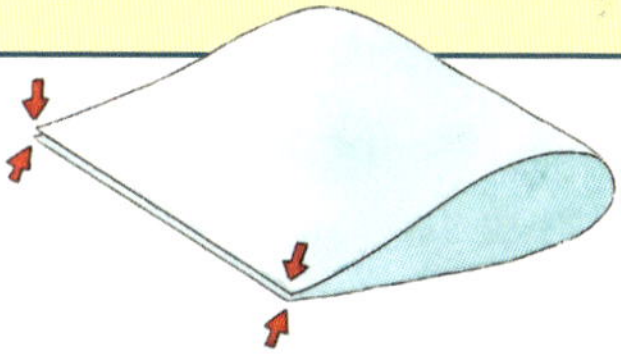

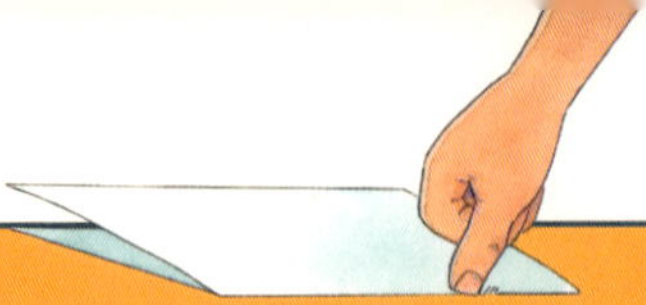

Falt-Tipp

Ziehe die Knicke mit dem Daumennagel nach. Das ist besonders an Stellen wichtig, wo mehrere Faltungen übereinanderliegen.

5.

Den Flieger nach hinten zusammenklappen. Die Faltungen weisen nach außen.

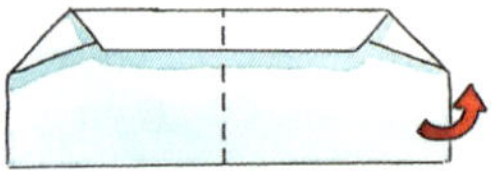

6.

Nun falte die Flügel: Knicke beide Seiten so weit herunter, dass ein etwa 2,5 cm hoher Rumpf entsteht (zweieinhalb Finger breit).

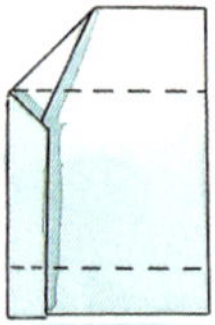

7.

Bieg für Loopings die Enden der Flügel leicht nach oben. Die nach oben gebogenen Flügelenden heißen **Winglets**.

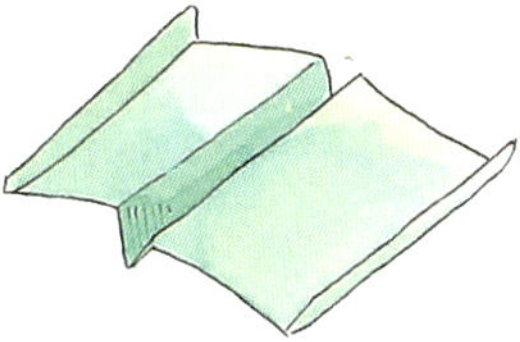

Gut geworfen

Wenn der Flieger gleiten soll, hol mit dem Arm aus und schieb ihn behutsam geradeaus. Für Loopings: Winglets in Position bringen und den Flieger dann kraftvoll steil nach oben werfen.

Fliegende Fische

Um durch die Luft zu wirbeln, muss gefaltetes Papier nicht aussehen wie ein Flugzeug oder ein Vogel. Dieser Gleiter erinnert an einen Fisch. Ihn zu basteln geht ganz schnell. Du brauchst dazu nur Papier und eine Schere.

1.

Schneide einen Streifen Papier. Er sollte 20 cm lang und 5 cm breit sein.

2.

Schneide etwa 2 cm vor einem Ende einmal von oben bis zur Hälfte ein. Dann schneide etwa 2 cm vor dem anderen Ende von unten bis zur Hälfte ein.

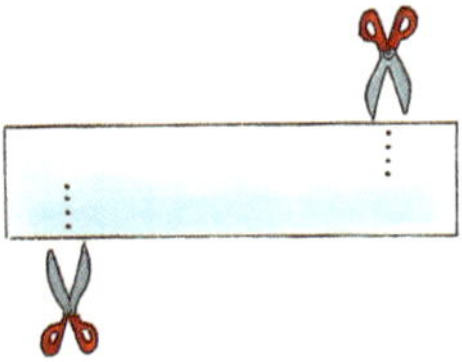

3.

Steck die beiden Einschnitte ineinander. Die Form erinnert schon etwas an einen Fisch.

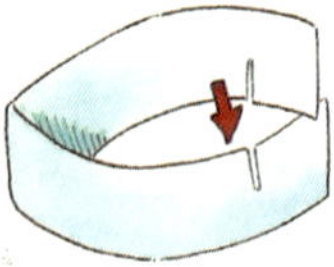

4.

Nun noch nach Geschmack „fischiger" gestalten, zum Beispiel die Schwanzflosse leicht wellig schneiden.

Gut geworfen

Wenn ein Erwachsener dabei ist, kannst du den Fisch aus möglichst großer Höhe fallen lassen. Bastele mehrere Fische in verschiedenen Farben und lasse sie zusammen durch die Luft schwirren. Das sieht besonders schön aus.

Warum fliegt ein Flieger?

Auf einen selbstgefalteten Flieger wirken wie auf ein echtes Flugzeug vier Kräfte:

1.

Die Schwerkraft: Die Erde hat eine Anziehungskraft. Diese Schwerkraft zieht den Flieger zu Boden.

2.

Der Auftrieb: Flugzeuge fliegen, weil sie **Auftrieb** haben. Was Auftrieb ist, siehst du, wenn du von vorn über ein Stück leichtes Papier hinweg bläst. Das Papier wird vom Luftstrom nicht nach unten gedrückt, sondern nach oben gezogen! Wie kommt das? In schnell strömender Luft herrscht ein geringerer Luftdruck. Da du nicht unter dem Papier gepustet hast, ist der Luftdruck dort noch so hoch wie vorher. Der **Unterdruck** über dem Papier zieht das Papier nach oben.

3.

Der Schub: Bei Flugzeugen liefern ihn Propeller oder Düsen. Schub treibt das Flugzeug vorwärts. Bei Papierfliegern entsteht er durch die Bewegung deines Arms beim Abwurf.

4.

Der Luftwiderstand: Luft ist ein Gemisch aus Gasen. Auch ein Flieger muss durch die Luft hindurch. Die Luft setzt ihm einen Widerstand entgegen.

Vom Drachen zum Flugzeug

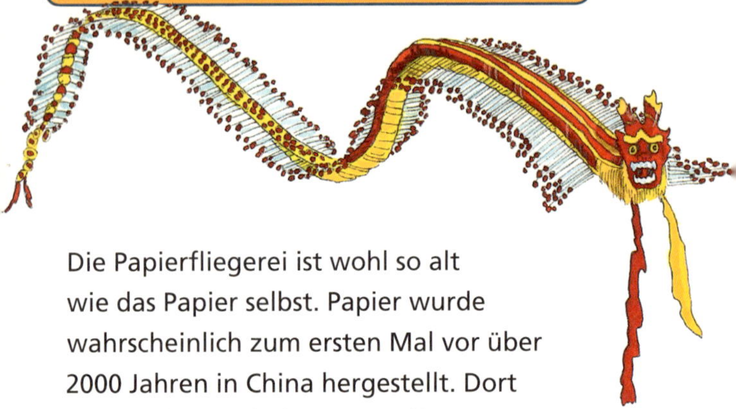

Die Papierfliegerei ist wohl so alt wie das Papier selbst. Papier wurde wahrscheinlich zum ersten Mal vor über 2000 Jahren in China hergestellt. Dort entstanden auch die ersten Flieger aus Papier: die **Chinesischen Flugdrachen**.

Fliegende Papier-Kunstwerke

In China und Japan entwickelte sich die Kunst, aus Papier Figuren zu falten. Sie heißt **Origami**, abgeleitet von den japanischen Wörtern Oru = falten und kami = Papier. Papierflieger, die nur durch Faltungen entstehen, ohne Schnitte, Klebstoff oder irgendetwas Zusätzliches, nennt man **Origami-Flieger**.

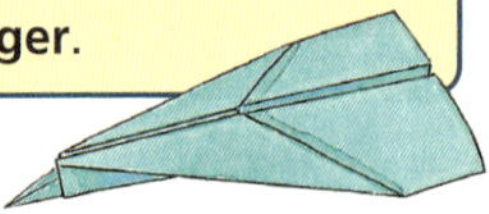

Viele Entwickler von Flugzeugen sammelten mit Modellen aus Karton oder Papier erste Erfahrungen.

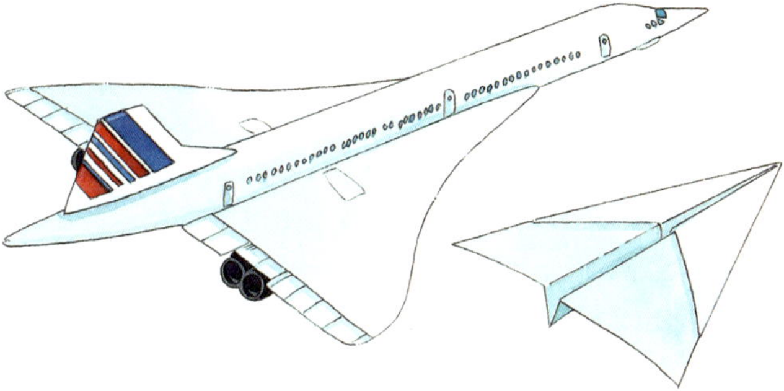

Als das Überschallflugzeug **Concorde** 1976 zum ersten Mal startete, gab es den für sie typischen dreieckigen Deltaflügel bei den Papierfliegern schon seit über 50 Jahren.

Bis heute sind Papierflieger für Flugzeugbauer auf der ganzen Welt hilfreiche **Modelle**. Mit ihnen kann getestet werden, wie gut bestimmte Formen fliegen und wie stabil sie sind.

Wettbewerbe und Rekorde

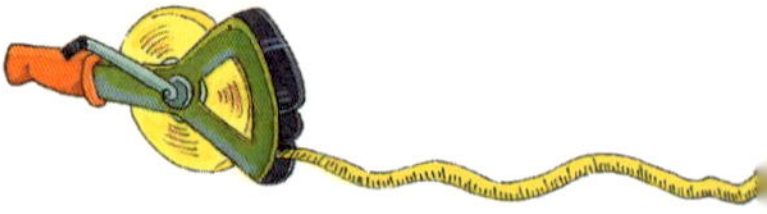

Die weiteste Strecke

Etwa 60 Meter haben Papierflieger schon zurückgelegt. Das „Guinness-Buch der Rekorde“ verzeichnet eine Strecke von 58,80 Metern. Dieser Rekord gelang 1985 Tony Fletch aus den USA. Im Jahr 2003 schaffte der Amerikaner Stephen Krieger bei einem anderen Wettbewerb sogar über 63 Meter.

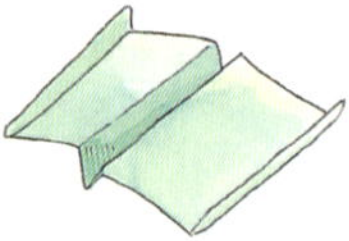

Der beste Wurf

Ken Blackburn warf 1983 seinen Flieger mit einer Geschwindigkeit von 90 Stundenkilometern in die Luft. Damit schaffte er den Eintrag ins „Guinness-Buch der Rekorde“.

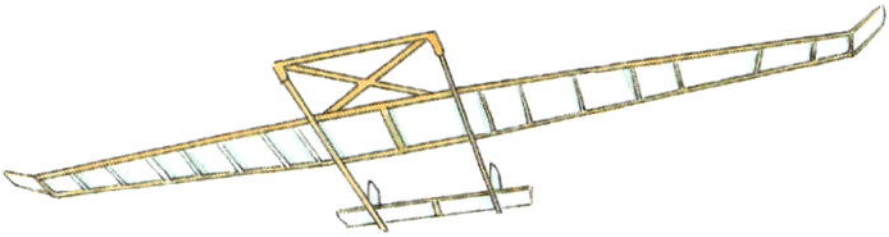

Riesenflieger

Das bisher größte Papierflugzeug der Welt hatte eine Spannweite (von Flügelspitze zu Flügelspitze) von über neun Metern. Gestartet wurde es am 25. Mai 1992 von der NASA, der Luft- und Raumfahrtbehörde der USA.

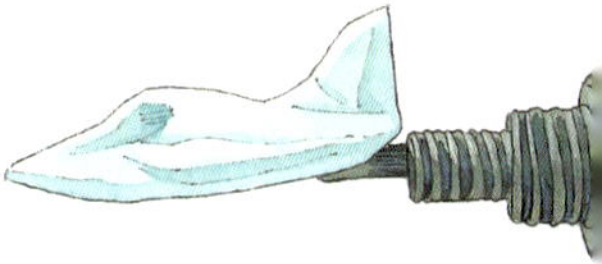

Papierflieger im Weltraum?

Vielleicht starten Papierflieger sogar eines Tages von Bord der internationalen Raumstation ISS. Wissenschaftler haben hierfür einen besonderen Flieger entwickelt. Sie wollen herausfinden, welche Form ein leichteres Raumfahrzeug haben sollte.

Der längste Flug

Unglaubliche 27,9 Sekunden blieb ein aus dem Stand geworfener Papierflieger in der Luft. Diesen Weltrekord für die längste Flugdauer stellte 2009 der Japaner Takuo Toda auf.

Pixi Wissen Lexikon

Auftrieb Der Auftrieb sorgt dafür, dass ein Flugzeug abheben und in der Luft bleiben kann.

Diagonal Eine gerade Linie verläuft diagonal, wenn sie zwei Ecken miteinander verbindet, die nicht nebeneinander liegen. Wird ein quadratisches Papier in diagonaler Richtung gefaltet, entstehen zwei gleich große Dreiecke.

Druck Kraft, die auf eine Fläche wirkt. Unterschiedlicher Luftdruck zwischen der Ober- und der Unterseite eines Flugzeugflügels bewirkt den Auftrieb eines Fliegers.

Ingenieure Fachleute im Bereich Technik. „Ingenium" ist lateinisch und bedeutet „sinnreiche Erfindung".

Modell Ein Modell ist eine verkleinerte, meist vereinfachte Nachbildung. Ein Modell kann dazu dienen, etwas zu testen. Wie Flugzeuge fliegen, wird zum Beispiel mit einem Modell im Windkanal erprobt.

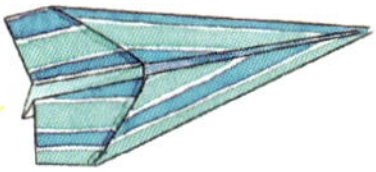

Rumpf Der Hauptteil des Flugzeugs, an den die Flügel und alle anderen Teile montiert sind. Im Rumpf eines Flugzeugs sitzen zum Beispiel die Passagiere.

Senkrecht Eine gerade Linie verläuft senkrecht, wenn du sie zum Mittelpunkt der Erde hin verlängern könntest. Wird ein Papier in *senkrechter* Richtung gefaltet, entsteht eine von oben nach unten verlaufende gerade Linie.

Waagerecht Eine waagerechte Linie verläuft nicht nach unten oder oben, sondern parallel zur Erdoberfläche, so wie der Horizont. Darum wird waagerecht auch *horizontal* genannt. Wird ein Papier in *waagerechter* Richtung gefaltet, entsteht eine von links nach rechts verlaufende gerade Linie.

Winglets Kleine Anbauten am Ende von Tragflächen, um den Auftrieb eines Flugzeugs zu verbessern.

Pixi Wissen präsentiert

Bd. 1
Pferde und Ponys
ISBN 978-3-551-24051-4

Bd. 2
Piraten
ISBN 978-3-551-24052-1

Bd. 3
Die Erde
ISBN 978-3-551-24053-8

Bd. 10
Planeten und Sterne
ISBN 978-3-551-24060-6

Bd. 11
Das Meer
ISBN 978-3-551-24061-3

Bd. 13
Ritter
ISBN 978-3-551-24063-7

Bd. 17: Tiere in Garten und Wald
ISBN 978-3-551-24067-5

Bd. 21
Dinosaurier
ISBN 978-3-551-24071-2

Bd. 22
Das Wetter
ISBN 978-3-551-24072-9

Bd. 23
Fußball
ISBN 978-3-551-24073-6

Bd. 24
Streiten und Vertragen
ISBN 978-3-551-24074-3

Bd. 25
Mein Körper
ISBN 978-3-551-24075-0

Bd. 28
Eisenbahn
ISBN 978-3-551-24078-1

Bd. 30
Unsere Tiere
ISBN 978-3-551-24080-4

Bd. 33
Strand und Watt
ISBN 978-3-551-24083-5

Bd. 37
Experimente mit Wasser
ISBN 978-3-551-24087-3

Bd. 45: Gesund essen
und trinken
ISBN 978-3-551-24095-8

Bd. 49
Die Jahreszeiten
ISBN 978-3-551-24099-6

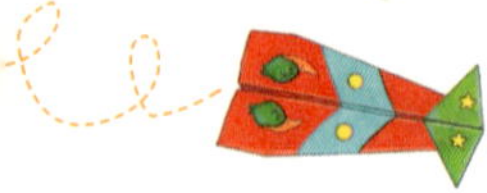

Bd. 58
Titanic
ISBN 978-3-551-24108-5

Bd. 59
Säugetiere
ISBN 978-3-551-24109-2

Bd. 60
Comic und Manga
ISBN 978-3-551-24110-8

Bd. 61
Deutschland
ISBN 978-3-551-24111-5

Bd. 62
Eltern
ISBN 978-3-551-24112-2

Bd. 63
Steinzeit
ISBN 978-3-551-24113-9

Bd. 64
Spiele für draußen
ISBN 978-3-551-24114-6

Bd. 65
Spiele für drinnen
ISBN 978-3-551-24115-3

Bd. 66
Zaubertricks
ISBN 978-3-551-24116-0